참사람의 심령

글. 조계종 元老 암도스님

맑은소리
맑은나라

차 례

1. 참사람의 심령 ……………………… 06
2. 몸[身] ……………………………… 10
3. 맘[心] ……………………………… 16
4. 숨[口] ……………………………… 21
5. 심령론(心靈論) …………………… 26
6. 하느님과 하나님 ………………… 34
7. 세계평화와 극락세계 …………… 40
8. 차나 먹자[喫茶去] ………………… 46
9. 불교 (미타)아리랑………………… 56
10. 마하반야바라밀다심경…………… 64

1. 참사람의 심령

참사람은 참맘으로 참말을 하고 참다운 행동을 하는 사람이다. 사람은 만물의 영장이고 인간은 사회적 동물이며 생각하는 갈대다.
인생은 사람이 태어나서 늙고 병들어 죽는 가운데, 사랑하는 사람과 헤어지고, 원수를 만나며 구하는 것을 얻지 못하는가 하면 몸과 마음의 탐욕을 만족시키지 못해서 고해苦海라 한다.
그러면 어떻게 해서 고통의 바다를 건너 피안彼岸의 언덕에 오를 수 있을까?

일체유심조一切唯心造라, 이 세상 모든 것이 다 맘먹기 달렸다. 사람마다 잘 살고 못 사는 것은 지극 정성으로 노력을 해서 전생의 빚을 갚고 나면 말년에 행복하게 잘 살 수 있다.
우리는 누구나 다 부모·조상님 덕에 4억 5천만 분의 1로 태어난 행운아들이다. 부모 조상이 아니면 어떻게 우리가 이 세상에 태어날 수 있을까? 부모 조상에게 효도하고 자손을 사랑하는 것이 가장 큰 인간의 도리다.

사람은 누구나 다 생각과 말과 행동에 따라 인생人生이 다르다. 아무리 어려운 일도 지극정성으로 노력을 하면, 지성감천至誠感天이라고 고진감래苦盡甘來가 된다. 그러므로 젊어서 고생은 사서도 해야 한다는 말이 생활의 진리다.

모든 식물과 동물의 생명체는 천지도기天地道氣의 지地 · 수水 · 화火 · 풍風 4대기四大氣가 화합해서 생령生靈으로 탄생한다. 그리고 사람의 심성心性은 정精 · 기氣 · 신神 · 심心 · 영靈 · 성性으로 발전發展하고 심리心理는 심心 · 의意 · 식識 · 견見 · 해解로 발달發達한다.

특히 수도하는 사람은 수학기修學期 · 수도기修道期 · 수행기修行期, 삼수기의 10년은 맘공부를 잘 해야 한다. 잘 못하면 십 년 공부 하루 아침에 망하고 만다.

수도생활은 경經 · 율律 · 론論 삼장三藏을 잘 배우고 신身 · 구口 · 의意 삼업三業을 잘 닦아서 심령을 부흥시키고 자기 마음의 근본인 심성心性을 직각直覺하면 영각靈覺 · 오도悟道 · 도통道通으로 견성성불見性成佛 해서 참사람이 되는 것이다.

햇님 · 달님 · 별님 · 나

햇님은 大日如來 하느님이시고
하나님은 太陽界 하느님이시며
햇살은 햇빛 · 햇볕 ·
소리의 靈波이시다.

햇님은 항상 그자리 계시는데
東天 · 中天 · 西天으로
떴다 올라갔다 내려간다시니,
돌아도 한참 내가 돌았구나.

달님은 초생달 · 보름달 ·
그믐달은 어디로 가시나?
백천만 억 별님 중 七星님은
초저녁 · 밤중 · 새벽에 땅님을 돌리시네.

나는 어떤 물건인가?
나는 몸 · 맘 · 숨으로 살면서
계 · 정 · 혜 삼학과 자비 · 보시로
참사람이 되고 싶은 사람이다.

2. 몸[身]

신외무물身外無物이라, 몸밖에 더 좋은 물건은 없다.
몸은 지地 · 수水 · 화火 · 풍風 4대四大色身색신으로 마음의 집이고, 오장육부五臟六腑는 천지도天地道의 기氣를 숨길따라 돌리는 이동식 집이다.
이 세상에 가장 큰 집은 우주宇宙로 지붕도 없고, 바닥도 없으며 기둥과 벽도 없는 무주공당無主空堂 · 천당天堂 · 불찰佛刹이다.
역사적으로 사람이 만든 큰집은 국가國家이고 궁전宮殿이며 개인이 만든 집은 가정집이다.

사람이 몸집을 보호하고 살아가는 근본은 의식주衣食住다.
옷은 모양보다도 사시사철 기후에 맞춰서 몸의 온도를 보호하는 것이고, 음식은 몸집에 영양을 보충하기 위해서 먹는 것이며, 집은 잠자고 숨 쉴 때 적으로부터 보호하고 생활하기 위한 것이다. 아무리 훌륭한 사람도 몸이 꺾이고 부서지면 숨길이 막히고 죽는다.

매일 풀을 뜯어 먹고 짐승을 잡아먹고 사는 것이 인간이다. 심지어 자기들끼리 싸우고 죽이는 전쟁을 한다.

사람은 누구나 다 어머니, 아버지가 처음 만들 때 청정법신淸淨法身으로 들어와서 지地·수水·화火·풍風 4대기四大氣를 조화시켜 가지고 몸을 만든다. 엄마 뱃속에서 열 달 동안 4대색신四大色身에 눈·귀·코·입의 구멍을 뚫고 지구의 오대양 육대주를 닮은 오장육부를 만들어 가지고 세상 밖에 나와서 21일 동안 부모미생전父母未生前 본래면목本來面目의 과정을 지나서 완전한 몸이 된다.

그리고 모든 사람들은 유년기·청년기·장년기·노년기 일생 동안 몸을 위해서 먹다가 끝난다. 그래서 인간을 먹는 벌레[食蟲]라고도 한다.

그러나 인생은 잘 먹고 잘 살아야 한다. 유전인자 하나가 1세대(30년) 안에 60조 세포를 만드는 몸집을 생각하면 상상을 초월한 무서운 존재다.

어찌 됐든 몸을 생각하면 잘 먹고 잘 살아야 한다.

첫째, 밥을 잘 먹어야 건강해서 잘 산다. 음식은 무엇보다도 골고루 먹어야 하고 제때 먹어야 하며 천천히 오래오래 씹어서 넘겨야 한다. 제때는 위장胃腸이 움직이면서 배꼽[臍]이 뛰는 시간인데 오전 9시에서 11시 사이다. 음식을 제때 먹으면 평상시보다 배倍를 먹어도 소화가 잘되고 입맛이 좋다. 그래서 노동을 하지 않는 사람은 제때 하루 한 끼만 먹어도 좋다는 것이다.

사람은 남녀 관계없이 음・양 체질이 다르기 때문에 음식을 주의해서 먹고 춘・하・추・동 사시절四時節 그때그때 나오는 채소를 섭취해야 한다. 그리고 고기를 너무나 많이 먹으면 순발력은 좋으나 지구력이 없고 피가 탁해서 성질이 포악해진다.

둘째, 물을 잘 먹어야 체중이 유지되고 피부가 부드러워 잘 산다. 사람은 누구나 다 70%가 넘는 몸의 수분이 찌그러지면 쇠약해서 기능 발휘를 할 수가 없다.

물은 천연수나 지하수가 좋고 수질이 깨끗해야 한다. 그리고 먹는 물은 너무나 뜨겁고 차게 하지 말고 온수溫水가 좋으며 몸에서 당기면 아무 때나 먹어도 좋다. 특히 맘공부하는 사람은 자정수子正水라고, 밤 12시에 물을 한 컵 먹으면 보약이 되어 몸에 좋다.

셋째, 공기를 잘 먹고 몸이 기가 충만해서 잘 살아야 한다. 사람은 물론이고 모든 생명체는 대기권 안에 있는 공기를 먹고 산다. 지방과 지역에 따라서 식물이나 동물은 색이 다르고 사람은 인성과 습성이 다른데 그 원인은 공기의 온도와 습기가 다르기 때문이다.

밥은 한 달 안 먹어도 살고 물은 일주일 먹지 못해도 살지만, 공기는 5분만 먹지 못하면 죽는다. 젊어서는 전 세계·온 나라를 돌아다녀도 상관없지만 70세가 넘으면 자기가 태어난 고향으로 낙향하는 것이 생체리듬이 맞아서 건강하고 자기 명대로 잘 살다가 가는 것이다.

넷째, 마음을 잘 먹고 편안하게 살아야 잘 산다. 마음을 잘못 먹으면 욕심이 생기고, 욕심이 지나치면 탐·진·치 삼독심이 일어나 어리석은 짓을 하는 것이 인간이다.

일체유심조一切唯心造라, 모든 것은 마음먹기 달렸다고 하는데, 마음이 몸을 움직이는 주인이기 때문이다. 다시 말하면 몸이 자동차라고 하면 마음은 운전수가 되어 그렇다.

다섯째, 나이를 많이 먹고 오래오래 살아야 잘 사는 것이다. 더

먹을 나이가 없으면 죽는 것이 인생의 종말이다.

그런데 나이를 많이 먹으면 꼭 따라다니는 것이 있으니, 그것은 돈이다. 돈을 먹는 방법에 따라서 인생의 방향이 다르게 된다. 지금, 이 시대가 자본주의 경제사회이기 때문에 그렇다.

첫째, 돈을 거저먹는 놈들이 있다. 그것은 부모의 돈을 거저먹는 자식 놈들이다.

둘째, 남의 돈을 얻어먹는 놈이 있다. 그것은 빌어먹는 거지 같은 놈들이다.

셋째, 남에게 빌어서 먹는 놈들이 있다. 그것은 신앙의 대상이나 귀신에게 빌어서 먹는 나쁜 중이나 신부, 목사, 무당, 판수다.

넷째, 남의 것을 도적질해 먹는 놈이 있다. 그것은 남의 것을 훔쳐 먹는 도둑놈들이다.

다섯째, 도적놈을 등쳐먹는 놈이 있다. 그것은 나쁜 경찰, 검찰, 판사, 변호사 놈들이다.

여섯째, 법관들을 덮쳐 먹는 놈들이 있다. 그것은 신문사, 방송사의 나쁜 기자 놈들이다.

일곱째, 바르게 잘 벌어서 잘 먹고 잘사는 사람들이 있다. 그것은 자기에게 알맞은 직업을 가지고 열심히 노력해서 잘 먹고 잘사는 사람들이다.

3. 맘[意]

심위법본心爲法本이라, 마음이 모든 것의 근본이다.
맘은 마음의 핵심核心이고 마음은 의식의 주체다.
일체유심조一切唯心造라, 이 세상 모든 것이 맘먹기 달렸다. 누구든지 마음을 잘 먹어야 잘 산다.
본래 마음은 크고 넓고, 깊고 높고 깨끗한 것이다. 마음이 크다는 말은 심령心靈을 말하고 마음이 넓다는 말은 심량心量을 말하며 마음이 깊다는 것은 심사숙고深思熟考로 생각이 깊다는 말이다. 그리고 마음이 높다는 것은 뜻[心志]이 높다는 말이고, 마음이 깨끗하다는 말은 마음의 근본바탕[心性]을 말한다.

탐貪 · 진瞋 · 치痴 삼독심은 중생심으로 불각不覺이고 헌 마음이다. 지정의知情意 삼자는 범부심凡夫心으로 시각始覺이며 마음의 작용이다. 또 진선미眞善美는 보살심菩薩心으로 상사각相似覺이며

새 마음이다. 그리고 청정淸淨・원만圓滿・중묘衆妙는 불심佛心
으로 원각圓覺이며 참마음이다.

인간의 심리는 정신적 작용으로 제8 아뢰야식과 제7 말라식이
합해서 제6 의식(眼識・耳識・鼻識・舌識・身識・意識)인
감각기관을 통해서 일어나는 견식見識이다.

첫째, 지각知覺은 지적사고・정적사고・의지적사고로 발달하
는 심리작용의 근본이다.

둘째, 생각生覺은 과거생각・현재생각・미래생각으로 발달하
는데 과거생각은 기억이나 추억이라 하고, 현재생각은 사고나
사념이라 하며, 미래생각은 상상과 이상이라 한다.

셋째, 감각感覺은 눈으로 보는 시각, 귀로 소리를 듣는 청각, 코
로 냄새 맡는 후각, 혀로 맛보는 미각, 몸으로 느끼는 촉각, 뜻으
로 느끼는 지각이다.

넷째, 환각幻覺은 꿈이나 착각인데, 잠자거나 졸다가 좋은 꿈[善
夢]과 나쁜 꿈[惡夢]이 있다. 꿈보다 해몽이 더 좋다는 말이 있는

데 풀이를 잘해서 덕을 본다는 뜻이다. 그리고 착각錯覺은 현실에서 사물을 보고도 사실과 다르게 느끼는 것이다. 언제나 몸과 마음이 건강하고 건전해서 바르게 보고 느끼며 꿈도 영몽靈夢이 되도록 노력해야 한다.

현상적 물질세계를 3차원이라고 하면 정신계의 4~5차원은 귀계鬼界고, 6~7차원은 신계神界며, 8~10차원은 도계道界라 할 수 있다. 선정삼매禪定三昧는 초선·2선·3선·4선정을 얻어야 하고 반야지혜와 실상반야實相般若를 투득透得해야 한다.
특히 선정삼매는 수식관數息觀을 기초로 하고 묵조선黙照禪과 간화선看話禪을 자기의 근기에 맞춰서 하는 것이 좋다. 계율은 오계五戒라도 반드시 지켜야 하고 술·담배·색色·고기·투전을 멀리해야 한다. 그리고 육식을 많이 하면 고기의 피가 몸과 마음을 망치게 해서 개 같은 놈, 돼지 같은 놈, 소 같은 놈, 닭 같은 놈이 된다.

계戒·정定·혜慧 삼학三學으로 신身·구口·의意 삼업三業을 청정하게 하는 것은 기본적인 학업이고, 바른 견해[正見]로 생각과 말과 행동을 바르게 하고 바른 생활[正命]을 하는 데 있어서 바른 신념으로 선정을 얻는 것은 팔정도^{八正道}로 소승적 자기완성의 수도^{修道}다.

그리고 자비심^{慈悲心}으로 남을 휘해서 보시^{布施}하고 계^戒를 지키면서 인욕과 정진을 해서 선정과 지혜를 얻는 육바라밀^{六波羅密}은 사회완성의 수행^{修行}이다.

육체적으로 지^地·수^水·화^火·풍^風 4대색신^{四大色身}은 기^氣가 모여 가지고 혈기가 왕성하면 정^精·기^氣·신^神·심^心·영^靈·성^性으로 발전하고, 정신적으로 수^受·상^想·행^行·식^識이 심^心·의^意·식^識·견^見·관^觀·조^照로 발달함에 따라 중생이 범부·지식인·지성인·철인·현인·성인으로 상승하는 것은 마음의 차원이 높아지기 때문이다.

고대 심성설과 현대 심리학은 각^覺을 중심으로 마음의 본체와 작용을 분별한 학설이다.

첫째, 중생심은 탐^貪·진^瞋·치^痴 삼독^{三毒}으로 불각^{不覺}이며 헌마음이다. 둘째, 범부심^{凡夫心}은 지^知·정^情·의^意 삼자로 시각^{始覺}이며 새 마음이다. 셋째, 현철심^{賢哲心}은 진^眞·선^善·미^美로 상사각^{相似覺}이며 본마음이다. 넷째, 성인심^{聖人心}은 청정^{淸淨}·원만^{圓滿}·중묘^{衆妙}로 원각^{圓覺}이며 참마음이다.

우리는 누구나 다 같이 참마음으로 참사람이 됩시다.

내가 처음으로 '참사람'이란 말을 들은 것은 40여 년 전 백양사 만암曼庵 큰스님의 제사를 지내는 날이었다. 아침 공양을 마치고 작설차를 먹는데, 서옹西翁 종정스님께 내가 무자화두無字話頭가 잘 안된다고 하니까, 그러면 '시심마是甚麼 : 이뭐꼬?'를 들라고 하셨다. 그래서 내가 "부모미생전父母未生前 본래면목本來面目은 참나[眞我]가 아닙니까?" 했더니, "그러면 네가 참사람이 되어라." 해서, 그 뒤로 내가 조금은 열심히 살았다.
결국 참사람은 자기의 몸과 마음을 청정하게 만들고 생각과 말과 행동을 바르게 하며 남들도 그렇게 만들어 자타일시성불도自他一時成佛道 하는 사람이다.

4. 숨[口]

구시명문口是命門이라, 목구멍은 모든 생명의 문이다. 목으로 숨 쉬는 것이 목숨이다.

숨은 모든 생명의 근원이며 숨길은 생사의 근본이며 몸과 마음을 하나로 만드는 삼위일체의 중심이다. 아무리 강한 사람도 숨길이 끊어지면 혼비백산이 되어 죽는다.

그러면 언제 어디서 어떻게 숨을 쉬어야 잘 사는가?

들고 나는 숨을 의식하지 않고 그냥 폐로 쉬는 것은 자연호흡自然呼吸이고, 나가는 숨을 길게 하는 것은 장출식長出息이며, 마시고 멈추고 내쉬는 것[吸止呼]은 단전호흡丹田呼吸이다. 어머니 뱃속에서 숨 쉬는 것은 태식호흡胎息呼吸이고, 세상에 나와서 폐로 숨 쉬는 것은 폐식호흡肺息呼吸이며, 배로 숨 쉬는 것은 복식호흡腹息呼吸이다.

몸 전체의 피부가 열려서 털구멍으로 숨 쉬는 것은 모공호흡毛

孔呼吸이라 하고, 머리 꼭대기 백회혈百會穴이 열리면 뇌호흡으로 영靈이 들락거린다.

백 일간 배꼽 밑 하단전下丹田에 의식을 집중하고 숨을 쉬는 것은 태식호흡胎息呼吸이고, 천 일간 배꼽 뒤 척추 사이 중단전中丹田에 정신을 집중하고 숨을 쉬는 것은 학식호흡鶴息呼吸이며, 만 일간 명치 밑 상단전上丹田에 마음을 모으고 숨을 쉬는 것은 구식호흡龜息呼吸이다.

학이 천 년을 살고 거북이가 만 년을 산다는데 인간이 그렇게 잘 먹고도 백 년밖에 못사는 것은 숨길이 잘못된 탓이다.

장출식과 자연호흡은 시간적 제한이 필요 없지만 단전호흡은 철저하게 시간을 지켜야 한다.

태식호흡은 아침 9시와 저녁 10시에 30분씩 100일 동안 하는데, 한 달은 처음에 숨을 1분에 7~8회 하다가 두 달째는 3~4회 하고, 석 달째는 1회 하는 것이 좋다.

학식호흡은 준자오準子午라고 아침 10시와 저녁 11시에 30분씩 100일 동안 마시고, 멈추고, 내쉬는 숨을 10:30:20 초로 나누어 지극히 정성스럽게 해야 한다.

구식호흡은 정자오正子午라 하여 한밤중 11시에서 11시 30분까

지 30분 동안 만일萬日을 하는데, 흡吸 · 지止 · 호呼를 2:4:3으로 하고 혹 지키지 못하면 다음 날 아침 5시에 보충을 해야 한다.

태식호흡의 자세는 쭈그리고 앉아서 양 손가락을 끼고, 가슴에 무릎을 밀착시키고, 눈을 가늘게 뜨고, 주먹을 응시하면서 혀끝을 입천장에 가볍게 붙이고, 이 사이로 숨을 하단전에 깊게 집어넣었다가 내쉴 때는 가볍게 코로 위에서부터 나가게 한다.
학식호흡은 바르게 정좌하고 앉아서 두 손으로 양 무릎을 짚고 고개를 약간 숙였다가 숨을 마시면서 고개를 뒤로 재껴 가지고 좌우로 세 번 돌린 다음 중단전에 숨을 멈추고, 쿰박(항문 조임)과 연진을 한 다음 침을 세 번 삼키면서 숨을 길게 내쉰다.

구식호흡의 자세는 정좌를 하고 앉아서 양손으로 두 무릎을 짚고, 입술을 좁히고 혀끝을 입천장에 붙이고 숨을 상단전에 집중한 다음 쿰박과 연진을 할 때, 두 주먹을 쥐어 가지고 명치를 눌러서 가슴 위로 숨이 오르지 못하게 하고 있다가 코로 숨을 지그시 내쉰다.

학식호흡을 백일만 하면 정력이 배로 오르고 전생 업이 발동하기 때문에 강력한 의지력으로 계율을 지키지 않으면 서무공덕庶無功德이라고 하루아침에 실패하고 만다.

자시(子時 : 밤 11~1시)에 호흡량이 많으면 눈에 흰 창이 빨갛게 되고 몸에 열이 나며 오시(午時 : 낮 11~1시)에 호흡량이 많으면 눈에 흰 창이 파랗게 되며 몸이 차가워진다.

이때 스승이나 선지식의 말을 잘 듣고 과분한 쪽을 줄여야 한다. 그래서 스승이 소금을 지고 물로 들어가라 하면 이유 없이 들어가야 하는 것이다.

많은 사람들 거의가 힘이 넘치고 천안통天眼通 · 천이통天耳通 · 타심통他心通 · 신족통神足通 · 숙명통宿命通 · 누진통漏盡通 등 삼명육통三明六通 가운데 하나만 오면 자기도 모르게 과욕이 생겨서 실수를 한다.

갑자기 한 가지 힘이 생기면 다 된 줄로 착각을 하고, 술에 빠져도 취하지 않고 담배를 입에 물고 살아도 끄떡없으며 남녀 간에 일주일간 꼭 껴안고 있어도 놓을 줄을 몰라서 망한다. 왜냐하면 단전에 불이 붙어서 숨길이 꺾이고 오장육부가 뒤집어지기 때문이다. 마음공부 하는 사람은 반드시 오계를 지키고 주색잡기를 떠나야 한다.

백 일 동안 기초[胎息呼吸]가 잘못되면 단전호흡은 포기하고 장출식(長出息 : 나가는 숨을 길게 하는 것)을 하는 것이 좋다.

혹 실수를 해도 세 번은 시도할 수 있다고 하지만 업식이 잘못되면 일생을 망치고 만다. 처음 시작은 백만이 넘는 도시에서 하는 것이 만물의 영장이 되어 좋다. 산중이나 시골은 음습해서 호흡기에 병이 오기 쉽다. 초상집이나 결혼식장에 가는 것은 삼가고 큰물이나 묘 옆에서 호흡하는 것은 절대적으로 피해야 한다. 마음공부 하는 방은 지하실이나 8층 이상 고층 건물은 조심하고 5~8층이 좋으며 너무나 크면 좋지 않고 3~5평 정도 어둡고 조용한 곳이 좋다.

정진할 때나 잠잘 때 이상한 현상이 나타나면 지도하는 스승에게 즉시 보고하고 지시를 받아야 한다.

5. 심령론(心靈論)

天地道氣와 緣起法力은
參羅萬像을 成住壞空하나니,
自性淸淨하고 心靈光明하면
禪定三昧로 靈覺悟道로다.

천지도기와 연기법력은
삼라만상을 성주괴공 시키는데,
자성이 청정하고 심령의 빛이 밝으면
선정삼매가 되어 영각오도를 한다.

글은 말을 눈으로 보는 것이고
말은 귀로 소리를 듣는 것이며
소리는 도기와 법력으로 만든다.

그래서 사바세계를 음성교체라 한다.

이 세상 모든 것은 하늘과 땅 사이에 있다. 그 가운데 가장 큰 집은 집 우宇, 집 주宙로 우주라 한다. 또 우주는 시간과 공간으로 지붕도 없고 기둥도 없으며 바닥도 없는 집이다. 공空은 하늘과 땅을 다 차지하고 있다. 그 속에 천당과 지옥이 있고 서방정토 극락세계가 있다. 극락세계는 3층 구조로 상상上上 · 상중上中 · 상하上下가 있고, 중상中上 · 중중中中 · 중하中下가 있으며, 하상下上 · 하중下中 · 하하下下로 구품연대九品蓮臺가 있다.

공중空中에는 진공眞空과 허공虛空이 있고 그 속에 해 · 달 · 별 · 땅이 있다. 땅 위에 있는 공간空間에는 식물과 동물이 살고 있다. 식물은 생육고사生育枯死하고 동물은 생로병사生老病死하며 모든 물체는 성주괴공成住壞空을 한다. 그 가운데 인간의 마음은 변화무쌍하게 생주이멸生住異滅을 한다.

일 년 열두 달 춘하추동 사시절 기후가 다르고 하루도 아침저녁 기온이 다르다. 마음의 변화가 빠른 사람은 시간마다 다르며 주색잡기에 빠진 사람은 초초변秒秒變이다. 왜냐하면 그런 사람은

이 생각 저 생각 오만 가지 생각이 죽 끓듯 해서 그렇다. 그 원인은 영파靈波가 1/7초인 1찰나刹那 가운데 9백 생멸을 하기 때문이다.

일체유심조一切唯心造라, 이 세상 모든 것이 다 마음먹기 달렸다. 마음의 근본은 심성心性이고, 마음의 작용은 심리心理며, 마음의 근원은 심령心靈이다.
고대의 심성설心性說은 성선설性善說 · 성악설性惡說 · 무기설無記說이다. 성선설은 선천성先天性이고 성악설과 무기설은 후천성後天性이다. 현대 심리학의 지적사고知的思考 · 정적사고情的思考 · 의지적사고意志的思考는 심리작용心理作用이다. 미래지향적 심령론心靈論은 영각론靈覺論 · 영감론靈感論 · 영지론靈智論으로 마음의 원동력原動力이다.
영각은 각오覺悟 · 오도悟道 · 도통道通으로 발달하고 영감은 감지感知 · 지식智識 · 식견識見으로 발달하여 영지는 지혜智慧 · 관찰觀察 · 조명照明으로 발달한다.

사람이 심령을 부흥시키려면 무엇보다도 기름이 석유 · 디젤 · 휘발유 · 시너가 되듯이, 처음 태어났을 때 생령生靈이 되는데 심령心靈으로 발전되도록 노력해야 한다.

무엇보다도 심령은 양심良心을 먹고 살기 때문에 거짓말을 해서는 안 된다. 사람은 누구나 다 거짓말로 남을 속일 수는 있지만 자기 자신을 속일 수는 없다. 거짓말을 하면 즉시 양심선언良心宣言을 하기 때문에 가슴이 뛰고 심령이 쪼그라지고 만다. 그래서 심령을 다시 일으키는 방법[心靈復興]은 잘못을 참회懺悔하고 재발심하는 기도가 필요하다.

특히 정신문화를 창조하는 수도인이나 문화인은 음식을 제때 먹고 적당하게 섭취해야 한다. 제때는 배꼽이 뛰는 사시巳時(9~11시)와 유시酉時(17~19시)가 좋고 하루에 두 끼나 세 끼를 정해 놓고 먹으면 된다. 적당한 양은 어느 정도 먹다가 뱃속에서 꾸르륵 소리가 나면 숟가락을 놓아야 한다. 그리고 밥은 천천히 고루고루 오래오래 잘 씹어서 먹어야 한다. 무념무상無念無想으로, 욕계의 식욕食慾과 색욕色慾을 벗어나 무념無念 무상無想으로 초선과 2선정에 들면 가행정진加行精進으로 단식을 하면서 3선과 4선정을 얻어야 한다.

그리고 심령을 청정법신淸淨法身으로 만들려면 적어도 1주일 아니면 21일 정도 단식을 하면서 자시子時에 정진을 하는 것이 좋다. 석가모니 부처님은 48일간 단식을 하고 예수님도 40일 단식을 해서 만물의 영장이 되신 것이다.

호흡은 여러 가지 방법이 있는데, 자연호흡自然呼吸과 장출식長出息 그리고 단전호흡丹田呼吸이 있다.

자연호흡은 누구나 다 자유스럽게 코나 입으로 숨을 쉬는 것이고, 장출식은 석가모니 부처님께서 가르쳐주신 아나파나사티[數息觀]로 나가는 숨을 길게 하면서 선정삼매禪定三昧를 얻기 위해서 좌선·염불·기도·독경을 한다.

그리고 단전호흡은 배꼽 밑 3치가 하단下丹이고 배꼽 뒤 척추 사이가 중단中丹이며 명치 밑이 상단上丹인데, 거기에 정신을 집중하고 배로 숨 쉬는 것을 복식호흡腹息呼吸이라고도 한다.

처음으로 시작하는 하단전호흡은 아침 9시와 저녁 10시부터 30분씩 하는 것은 준자오準子午라고 태식호흡胎息呼吸이고, 중단전호흡은 아침 10시와 저녁 11시부터 30분씩 중단전에 정신을 집중하고 호흡하는데 학식호흡鶴息呼吸이며, 아침 11시와 저녁 11시 30분부터 30분씩 상단전에 정신을 집중하고 호흡하는 것은 구식호흡龜息呼吸이다.

태식·학식·구식호흡의 시초는 100일이지만 1년 이상 3년씩 9년을 해야 단련이 되고 피부와 골반이 열린다. 백회혈百會穴이 열리면 천안통天眼通·천이통天耳通·신족통神足通·타심통他心通·누진통漏盡通 삼명육통三明六通을 한다. 생령生靈이나 정령精靈의 발달은 큰 문제가 없지만 신령神靈과 심령心靈의 발전은 시간과 호흡법을 잘 살펴야 한다.

그리고 맘공부는 무엇보다도 먼저 앉을 데, 설 데를 알아야 한다. 천기天氣는 시간과 공간에 따라 다르지만 지기地氣는 보이지 않는 땅속의 구조에 따라 다르고 땅속 4천 미터에서 올라오는 지맥地脈으로 금맥金脈과 수맥水脈이 크게 다르다.

산이나 들이나 바다 물속에도 금맥은 따뜻하고 수맥은 차다. 도선국사道詵國師는 고려태조高麗太祖 왕건王建에게 개성開城에 도읍지를 정해 주고 무학왕사無學王師는 이성계李成桂에게 서울[漢陽]에 도읍지를 잡아 주었다.

크나 작으나 집과 묫자리는 명당이 좋고 마음공부 하는 방은 잘 살펴서 하는 것이 필요하다.

농부는 농사를 잘 짓고 어부는 고기를 잘 잡아야 하듯이 공부는 마음을 잘 먹어야 한다.

일반적인 공부는 지식을 넓히기 위해서 심心(八識)·의意(七識)·식識(六識)을 발달시켜 분별·종합·정리하는 방법을 배우는 것이고, 맘공부는 평상심이 곧 도[平常心是道]라고, 시간과 공간을 초월할 수 있는 심心(八識)·영靈(九識)·성性(十識)을 발전시켜서 견성성불見性成佛하도록 정진精進하는 것이다.

다시 말하면 중생의 탐貪·진瞋·치痴 삼독심을 버리고, 범인의 지知·정情·의意 사고思考를 살려서, 현인의 진眞·선善·미美 보살심菩薩心으로 높이고, 성인의 청정淸淨·원만圓滿·중묘衆妙 불심佛心으로 모든 사람을 심령부흥心靈復興 발전시켜야 한다.

心 界 圖

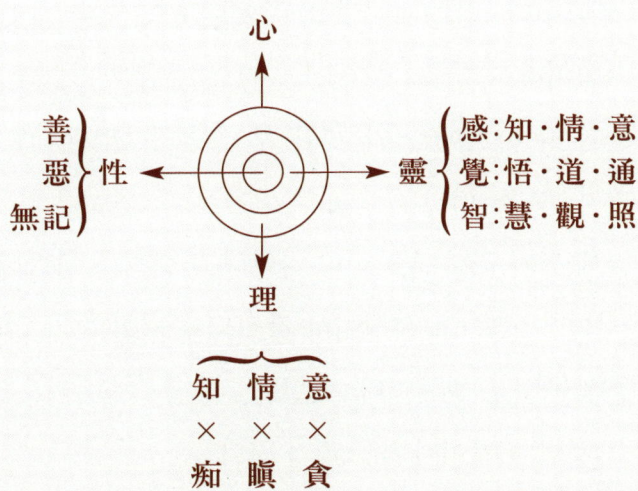

6. 하느님과 하나님

하늘에 님은 햇님·달님·별님이고 그 가운데 가장 큰 하나님은 햇님이다. 태양계太陽系의 주체인 하나님은 대일여래大日如來 부처님이다.

하늘과 땅 사이에 천기天氣와 지기地氣가 합하여 대기권大氣圈에 공기가 충만하다.

하늘에 해가 없다면 풀이나 나무나 짐승이나 사람이 살 수가 없을 것이다. 그리고 선신이나 잡신도 존재할 수가 없다.

태양신太陽神은 햇살이다. 햇살이 지상地上에 내려오면 햇빛이 생기고 햇볕이 일어나며 소리가 난다.

사바세계娑婆世界는 음성교체音聲交替라, 이 세상 모든 곳에 가득한 소리를 타고 대자대비大慈大悲 하신 관세음보살觀世音菩薩님이 부르기만 하면 어려움을 해결해 준다.

빛은 양기陽氣의 파장이고 소리는 음기陰氣의 파장이다. 그렇기 때문에 공중에는 빛이 밝고 물속에는 소리가 잘 들린다. 그런데 관세음보살님은 공중이나 수중이나 땅속까지도 소리를 잘 듣는다.

관세음보살 본심미묘本心微妙 육자대명六字大明 왕진언王眞言 '옴 마니반메 훔'(그렇습니다. 복과 지혜를 흠뻑 주옵소서!)

사람이 한평생 살아가는데 복과 지혜가 있어야 행복하다. 부모님 복으로 거저먹는 사람도 지혜가 없으면 바보 취급을 받고, 지혜가 아무리 많아도 재물 복이 없는 사람은 밥 먹고 살기가 힘들며, 복과 지혜가 둘 다 없는 사람은 천하고 하루하루 살기가 힘들다.

모든 사람의 몸과 마음[五蘊:色受想行識]이 다 공空이다. 지구의 오대양五大洋 · 육대주六大洲가 그렇고 하늘의 오천[五天:東西南北中天]이 모두 다 공이다.

사실 공은 속도 없고 겉도 없다. 그러나 공중空中에는 진공眞空과 허공虛空이 있고 해 · 달 · 별 · 내가 있다. 그리고 공간空間에는 도기道氣와 공기空氣가 충천하고 지상地上에는 산하대지山河大地 위에 풀과 나무가 충만하다. 매년 봄 · 여름 · 가을 · 겨울 기후가 다르고 하루도 밤·낮 기온이 다르다.

그 가운데 사람은 몸과 마음을 숨으로 만든다. 몸은 정精·기氣·신身·심心·영靈·성性으로 발전發展하고 마음은 심心·의意·식識·견見·관觀·조照로 발달發達한다. 이 세상의 허공과 저 세상의 진공이 통하는 것은 심령心靈·각오覺悟·도통道通이다. 그리고 과거·현재·미래의 기억記憶·사고思考·상상想想을 관통하는 것은 영각靈覺이다.

그런데 만물의 영장靈長이라고 하는 사람은 어려운 생활을 하다 보면 거의 다 사회적 동물이 되어 탐貪·진瞋·치痴 삼독심三毒心으로 심령心靈이 쪼그라든다.

진실로 심령을 키우고 영각을 발달시키려면 중생심을 버리고 영각靈覺을 발달시켜서 용맹정진을 해 가지고 초선初禪·2선二禪·3선三禪·4선정四禪定을 얻어야 한다. 사선정은 무념無念·무상無想·무아無我·무심無心으로 수다원須陀洹·사다함斯陀含·아나함阿那含·아라한阿羅漢이 되는 것이다. 그리고 등각等覺·묘각妙覺을 해서 보임[保任:완전하게 됨]을 해야 한다. 명상선冥想禪과 묵조선黙照禪은 무념무상無念無想으로, 욕계의 식욕食欲과 색욕色欲을 벗어나 무념無念 무상無想으로 초선과 2선정에 들면 가행정진加行精進으로 단식을 하면서 3선과 4선정을 얻어야 한다.

조사선祖師禪 가운데 첫째 화두話頭는 '무자無字'다. 조주趙州 스님이 '개가 불성이 있습니까? 없습니까?' 하고 묻는 말에 '없다.'고 해서 생긴 것이다. 준동함령蠢動含靈이 개유불성個有佛性이라, 보잘것없는 벌레도 다 불성이 있다고 했는데, 왜 큰 개가 불성이 없다고 했을까? 어떤 중이 그 말을 듣고 와서, "참말로 개가 불성이 없습니까?"하고 물으니, "있다."고 했다. 왜, 처음에는 개가 불성이 없다고 했다가 나중에는 있다고 했을까?

누구든지 남의 말을 잘 듣고 확실하게 뜻을 알아야 한다. 처음에 "없다."고 한 것은, "'개가 불성이 있습니까? 없습니까?'하고 물으니 의심할 것이 없다고 한 말이고, 다음에 "있다."고 한 말은 "참말로 개가 불성이 없습니까?" 하고 물으니까 있다고 답한 것이다.

둘째 화두는 '마른 똥 막대기[乾屎橛]'이다. 운문선사雲門禪寺가 밭에서 일을 하는데 제자가 "어떤 것이 부처[如何是佛]입니까?" 하고 물으니, 옆에 있는 막대기를 가리키면서 "마른 똥 막대기다."하고 대답을 해서 생긴 것이다.

거룩한 부처님을 마른 똥 막대기라고 하니 의심이 생기지 않을 수가 없다. 그러나 깊이 생각하면 마른 똥 막대기가 무엇인가?

옛날에 종이가 귀해서 휴지가 없을 때 변便을 보고 나서 막대기로 항문을 닦다가 오래되면 똥통에 버려서 결국 밭으로 가는데, 그것이 똥 같은 중생을 가르친 부처란 뜻이다.

셋째 화두는 정전백수자庭前柏樹子다. 조주趙州 스님에게, "달마스님께서 서쪽(인도)에서 중국으로 오신 뜻[祖師西來意]이 무엇입니까?"하고 물으니, "뜰 앞에 잣나무다."하고 대답을 해서 생긴 화두다.
멀고 먼 길을 따라 달마 스님께서 오신 뜻은 뜰 앞에 잣나무가 인연 따라온 것이나 다름없다. 사람도 모두 다 인연 따라 근기 따라 오고 가고 사는 것이다.

> 인생은 나그네 외로운 나그네의 길
> 어디서 왔다가 어디로 가는가?
> 아무리 생각해도 알 수가 없네.
> 물 따라 바람 따라 살다가 가려 하네.

> 독유일물상독로獨有一物常獨露하니
> 담연불수어생사湛然不隨於生死더라.

오직 한 물건이 있어 항상 나타나니
언제나 생사를 따르지 아니하더라.

여기서 말하는 한 물건은 어떤 물건인가? 아무리 생각해도 알 수가 없다. 한 물건은 심성의 근본으로 영성靈性이다. 영성은 견성성불見性成佛을 해야만 알 수가 있다. 우리 모두 다 같이 등각等覺·묘각妙覺을 해서 보임保任합시다.

7. 세계평화와 극락세계

인생은 나그네 외로운 나그네의 길
어디서 왔다가 어디로 가는가?
아무리 생각해도 알 수가 없네.
내 맘대로 버들피리 꺾어서 불고
물 따라 바람 따라 살다가 가려 하네.
〈나무아미타불 관세음보살님〉

세계평화는 인류의 삼대 목표인 자유自由 · 평등平等 · 평화平和를 달성해야 한다. 자유는 개인완성이고 평등은 사회완성이며 평화는 세계완성이다.

자유自由는 자기유래自己由來라, 모든 사람의 인생살이는 자기가 짓고 자기가 받기 때문에 옛날부터 자작자수自作自受 · 자업자득自業自得이라 한다. 그래서 인생살이는 자주自主 · 자조自助 · 자립

自立하고 자력自力이 강해야 한다.

다시 말하면 절대적 자유는 자기 몸이 건강하고 마음이 건전하며 숨이 건실해야 한다. 사람은 누구나 다 신앙적으로 계율戒律을 잘 지키고 사회적으로 법률法律을 잘 지켜야 인격적으로 남에게 무시당하지 않고 자유스럽게 잘 살 수가 있다.

평등은 개인과 사회·국가적으로 자기의 권리와 의무를 다 지키는 것이다. 우리 인간은 사회적 동물이기 때문에 항상 남을 존경하고 사랑해야 잘 살 수가 있다.

나이가 많고 적고 지위가 높고 낮고 간에 남녀의 성이 달라도, 선거할 때 한 표씩만 찍는 것은, 민주주의가 잘 만든 평등한 제도다. 지위 고하를 막론하고 상대방의 인격과 입장을 존중해서 자기가 존경을 받는 것이 세계평화를 이루는 방편이고 모든 인류가 행복을 누리는 방법이다.

평화平和는 가정이나 사회나 국가가 평온하고 화목한 것을 말한다. 다시 말하면 국내외적으로 무력 충돌 없이 평온한 것이 세계평화다.

평화를 누리는 방법은 무엇보다도 화합和合을 해야 한다. 가정이나 사회가 분열을 하면 모두 다 불행해진다. 화합은 모든 사람들의 심리心理가 좋고 이해理解를 잘하면 된다. 이해는 자기의 욕심만 버리면 해탈解脫이 되고 탈속脫俗해서 속물俗物의 근성인 물욕物欲이 없어지고 탐貪 · 진瞋 · 치痴 삼독심三毒心을 버릴 수가 있다.

삼독의 중생심은 헌 마음으로 육식을 즐기다 보면 사람을 짐승과 같이 만들어 개 같은 놈, 소 같은 놈, 돼지 같은 놈, 닭 같은 놈이 되고 만다. 다행히 본맘[本心]으로 지知 · 정情 · 의意 사고思考가 정확하면 보통 사람이 되고, 새맘으로 진실眞實하고 선량善良하고 아름다운 마음[美心]으로 살면 그 사람은 현인賢人이 되며 참맘으로 청정淸淨 · 원만圓滿 · 중묘衆妙의 지혜로 살면 누구나 성인聖人이 될 수 있다.

성인은 참사람으로, 다 처음 태어날 때 가지고 나온 본래면목本來面目을 되찾으면 인류의 삼대목표인 자유自由 · 평등平等 · 평화平和를 달성하여 세계평화를 이룰 수가 있다.

세계평화는 지상의 극락세계로 모든 사람들이 행복하게 잘 살 수가 있다.
첫째, 행복은 육체적인 즐거움으로 쾌락快樂이고 둘째, 행복은 정신적인 기쁨으로 희락喜樂이며 셋째, 행복은 마음의 평안함으로 안락安樂이다. 그리고 심령이 부흥하여 열반락涅槃樂에 들어가면 극락이 된다. 보통 사람들은 자기가 지은 업대로 쾌락이나 희락을 바라고 희희낙락하는데, 오래 가지 못하고 순간 사라지기 때문에 후회를 한다. 그러면 영원한 행복을 위해서 극락세계에 가는 길은 어떤 것일까?

저 높은 곳을 향하여 날마다 나아갑니다.
내 부처여 내 발 붙드사
그 곳에 서게 하옵소서!
그 곳은 빛과 사랑이 언제나 넘치옵니다.

하늘나라는 동·서·남·북 사천왕이 있고 서방정토 극락세계에는 아미타부처님이 계신다. 누구든지 극락세계에 가려면 사십팔원四十八願을 성취해야 하는데 최소한 삼명육통三明六通을 얻어야 한다.

첫째, 천안통天眼通은 초자연적인 눈으로 사후의 세계를 보는 것이다. 천상세계와 지상의 연옥(감옥) 그리고 지옥을 보는 것이다. 육안으로는 안 되고 심령의 눈이 열려야 한다.

둘째, 천이통天耳通은 자유자재로 모든 소리와 말을 듣는 능력으로 초선 · 2선 · 3선 · 4선정을 닦아서 천상계를 보고 듣는 능력이다.
셋째, 타심통他心通은 타인과 천인의 마음을 아는 것이다.
넷째, 신족통神足通은 언제 어디라도 자유롭게 갈 수 있는 능력이다.
다섯째, 숙명통宿命通은 전생의 모습을 아는 능력이다.
여섯째, 누진통漏盡通은 번뇌망상을 끊고 욕계 · 색계 · 무색계 삼계에 어둡지 않은 지혜다.

인생을 고해라고 하지만 해탈하여 열반에 들면 극락이 된다. 지혜롭게 정진하면 안 되는 일이 없다. 그래서 젊어서 하는 고생은 사서도 한다는 말이 있다. 무엇이든지 거저먹으려고 하는 것은 인과법을 모르고 하는 짓이다. 초선 · 2선 · 3선 · 4선정을 얻으면 심령이 빛나고 밝아지며 영각이 오도悟道로 도통道通을 한다. 따라서 영감靈感이 감지感知하고 지식知識이 식견識見하며 견해見解가 넓어진다. 그리고 각지覺智가 지혜智慧로 발달하며 관찰觀察과 조명照明이 넓어진다.
극락으로 가는 길은 서방정토 극락세계의 9품연화대九品蓮花臺를 영안靈眼으로 보고 가야 한다. 명상이나 묵조선을 해가지고는 극락세계의 하계는 가능하지만 10만억 불국토를 지나 상품상생上

品上生 하기는 어렵다.

우유가 낙酪 · 소酥 · 제호醍醐가 되고 석유가 디젤 · 휘발유 · 시너가 되듯이 초선 · 2선 · 3선 · 4선정에 들어서 수다원 · 사다함 · 아나함 · 아라한이 되어야 상상품上上品의 극락세계에 갈 수가 있다. 초선은 잡념이 없는 무념無念이고, 2선은 망상이 없는 무상無想이며, 3선은 욕심이 없는 무아無我다. 그리고 4선정은 무심無心으로 도인의 마음이다.

선정삼매禪定三昧를 얻어서 자기완성을 하고 극락세계에 가서도 자비보시慈悲布施의 사무량심4無量心을 닦아 부처님(참사람)이 되어야 한다.

푸른 하늘 은하수 하얀 쪽배엔
계수나무 한 나무 토끼 한 마리
돛대도 아니 달고 삿대도 없이
가기도 잘도 간다 서쪽 나라로.

서쪽 나라가 어디입니까?
서방정토 극락세계 아닙니까.
우리 다 같이 왕생극락 합시다.

8. 차나 먹자 [喫茶去]

조주趙州 스님이 납자衲子(승려)에게 물었다.
"전에 이곳에 와 본 적이 있는가? 없는가?"
"와 본 일이 없습니다."
"차나 먹자."
또 다른 납자는, "와 본 적이 있습니다." 라고 대답했다.
조주 스님은 또, "차나 먹자."라고 했다.
그것을 본 원주 스님이, "화상께서는 매양 똑같은 질문을 하시고, 무슨 말을 하든지 차나 먹자고 하시니, 무슨 뜻으로 그렇게 말씀하십니까?"하고 물었다. 조주 스님이, "원주야!"하고 부르니, 원주 스님이 "예." 하고 대답을 하자, "차나 먹자." 라고 똑같은 말을 했다.
끽다喫茶란 말은 차를 먹는다는 말이다. 보통 차는 음료수飮料水같이 마신다고 하는데 작설차雀舌茶는 씹어서 먹는다고 한다. 작설차를 먹을 때는 꼭꼭 씹어서 먹으면 연진燕津이 되어 기관지와 식도가 깨끗해져서 호흡이 건실해지고 몸이 건강하고 마음이 건전해진다. 그래서 마음공부하는 사람은 필수적으로 차문화茶文化가 형성되어야 한다.

차 다茶 자를 자세히 살펴보면 풀 초草 변 밑에 나무 목木 자다. 차나무는 분명히 나무인데, 그 위의 풀 같은 잎사귀를 따서 아홉 번 찌고 말려 가지고 만든 것이 작설차雀舌茶 또는 녹차綠茶라고 한다. 풀도 아니고 나무도 아닌 것을 대나무[竹]라고 하지만, 나무도 되고 풀도 되는 것이 차茶나무다.

차의 원산지는 중국의 남쪽 광동廣東과 푸젠성이고 우리나라도 경상도·전라도 남해안 지역의 야산野山이다. 특히 김수로왕의 왕비인 허황후許皇后가 천축天竺에서 차나무 종자를 가지고 와서 창원 봉림사 뒤편의 백월산에 심었는데 그 차나무를 죽로다竹露茶라고 했다고 한다.

마음의 본성을 깨닫기 위한 승려들의 선정 수행에 놀라운 효과를 주기 때문에 천 년이 넘게 전통이 되었고, 사회에 일반화되어 다반사茶飯事 또는 반다시槃茶時라고 해서 밥을 먹으면 꼭 차를 먹는다는 말이 생겼다. 그리고 시제時祭(春夏秋冬 四時)나 제사祭祀에는 꼭 차를 올리기 때문에 다례茶禮를 지낸다고 했다.

차의 종류는 색깔에 따라서 녹차綠茶 · 홍차紅茶 · 흑차黑茶가 있고, 약으로 먹는 차는 약차藥茶 · 곡차穀茶 · 쌀차(숭늉) · 댓잎차[竹露茶] 등이 있다.

이조말 대흥사大興寺 초의선사草衣禪師는 다성茶聖이라고 했는데 동다송東茶頌을 짓고 차를 재배하면서 이론과 실제를 정비했다. 녹차綠茶는 재배하는 것도 중요하지만 찻잎을 따는 시기(端午前後)를 잘 맞춰야 하고 제조해서 저장하는 방법도 봉투에서부터 장소에 이르기까지 청정하지 않으면 오염되기가 쉽다.

그 이유는 차 자체가 너무나 청정하기 때문이다.

마지막 깨끗한 물을 붓고 숯불에 차를 끓이는 것도 중요하지만 마실 때 너무 뜨거워도 안 되고 차가워도 안 된다. 차를 세 번 씹어서 먹고, 연진을 해서 침을 세 번 넘기고, 눈을 감고 숨을 내쉬면서 '이것이 어디로부터 왔는가?' 하고 묵조墨照하지 않으면 효과가 없다.

차를 먹을 줄 모르는 사람과는 말을 하지 말라는 말이나 다도茶道라는 명구名句를 깊이 생각해 보면 감로수甘露水와 판치생모板齒生毛(앞니에 난 털)의 깊은 뜻을 조금은 알 수가 있다. 차를 먹으면서 도道에 대한 이야기를 해야만 다도茶道가 되는 것이다.

하늘과 땅 사이에 가장 큰길[天地道]은 일 년, 열두 달, 사시사철 기후氣候를 만들고, 가장 작은 길[日之道]은 하루, 열두 시간, 밤낮 기온氣溫을 만든다.

그 길 속에 생긴 공기空氣를 목으로 마시고 내쉬면서 숨길[息道] 따라 생명을 유지하는 사람은 모두 다 도인道人들이다. 그러나 부모미생전父母未生前 본래면목本來面目을 깨닫지 못하고 '이뭐꼬?[是甚麼]' 화두話頭만 들고 있는 사람은 참사람이 되지 못한다. 본래 사람은 누구나 다 처음 태어나서 21일 동안 아버지 어머니를 분별하기 전[父母未生前] 본래면목本來面目으로 참사람[眞人]이다. 그러나 21일이 넘으면 사람마다 분별식分別識이 생겨서 망상妄想을 하고 범부중생凡夫衆生이 되고 만다.

어떤 승려가 조주趙州 스님에게 "조사祖師가 서쪽에서 오신 뜻이 무엇입니까?"하고 물으니 "뜰 앞에 잣나무니라."했다. 달마대사達磨大師가 서쪽에서 중국에 오신 것이나 뜰 앞에 잣나무가 서 있는 것이나 다 인연 따라 온 것이라고 가르쳐 준 것이다.

운문선사雲門禪寺가 밭에서 일을 하는데 한 승려가 "어떤 것이 부처입니까?"하고 물으니, 밭에 있는 막대기를 가리키면서 "마른 똥 막대기[乾屎橛]이니라."해서 생긴 말이 화두話頭가 되었다. 부처님이 어떻게 똥 막대기란 말인가?

옛날에 휴지가 없을 때, 변便을 보고 막대기로 찌꺼기를 닦고, 풀잎으로 항문을 씻다가 오래되면 막대기가 밭으로 나가던 시절을 생각해 보자. 똥은 중생이고 막대기는 부처다.

내가 20여 년 전 대전특구大田特區에 가서 강의[法問]를 한 적이 있다. 박사님들이 350명이라는데 그날 참석인원이 295명이라고 했다. 그런데 의자가 그렇게 생겨서 그런지 자세가 반쯤 누운 것 같고 눈이 거의 감긴 것 같아 보였다.

물론 조그마한 중이 갔으니 별로 관심이 없었을 것이다. 나도 별 재미가 없어서 첫마디를, "요새 박사들 별것 아닙니다."했더니 반쯤 눈이 떠졌다.

"미국에 어떤 박사는 모기 뒷다리 사마귀를 연구해서 됐답니다."했더니, 눈이 크게 떠지고 허리가 펴졌다. 그래서 나는 "사람은 무엇이고 인간은 무엇이며 인생은 무엇입니까?"하고 질문을 던졌다. 그러나 아무 반응이 없어서 "사람은 만물의 영장이라 하고, 고등동물이라고도 하며 생각하는 갈대라고 하지 않습니까? 그리고 인간은 사회적 동물이며 인생은 나그네의 길, 고

해苦海라고 하지 않습니까?" 하고 조금 있다가 "옛날에는 먹고 살기가 어려워서 인생을 고해라고 했지만, 지금은 의식주가 풍부해서 잘 먹고 잘 입고 잘 자니까 지상극락 아닙니까? 요즘 사람들은 욕심이 너무 많고 사고방식이 잘못되어 불평불만이 많은 것 같습니다. 시간적으로 인생을 살펴보면 한없이 무상합니다. 그것은 세월이 무상하고 하루하루 시간이 무상하고 분초가 무상하고 찰나 찰나가 무상하기 때문입니다. 그리고 공간적으로 이 세상 모든 존재를 살펴보면 크고 작고 간에 속이 텅텅 비어 있고, 순간순간 변해서 언젠가는 사라질 것들 아닙니까? 이렇게 세상을 관찰하고 조명해 보면, 걱정할 것도 없고 해탈解脫해서 열반락涅槃樂을 누릴 수가 있습니다. 제행무상諸行無常과 제법무아諸法無我를 모르면 그 인생은 일체개고一切皆苦가 되고 철저히 깨달으면 상락아정常樂我淨이 됩니다. 죽지 않고 지금 살아 있는 것만 해도 천만다행입니다. 안 그렇습니까?" 하고, 고집멸도苦集滅道 사성제四聖諦와 육바라밀六波羅密 보시布施・지계持戒・인욕忍辱・정진精進・선정禪定・지혜智慧를 설명한 다음 우리나라 구도九道의 욕문화辱文化를 좀 재미있게 설명했다.

욕설辱說은 남의 인격을 무시하고, 미워서 쓰는 모욕적인 말인데 깜짝 반가울 때 쓰는 것은 '새끼'다.

첫째, 제주도의 대표적인 욕은 무엇인가? 내가 30여 년 전 새마을 중앙교육원에 강의를 하고 다닐 때, 제주도 새마을 분원장이 불러서 갔는데, 점심 식사를 하다가 내가 속없이 제주도의 가장 큰 욕이 뭐냐고 물으니까, 분원장이 머뭇머뭇하다가 할망들이 말을 잘 듣지 않는 손주들에게, '몽골놈 좆으로 만든 새끼'라고 한다는 것이다. 한참을 웃다가 갑자기 맞다는 생각이 떠올랐다. 고려 때 원나라 병사들이 일본을 쳐들어가기 위해서 조랑말을 가지고 제주도에 머물면서 처녀들을 싹쓰리 강탈해서 새끼들을 만들었기 때문에 그런 욕이 생긴 것 아닌가 싶었다. 그리고 제주도 큰길 가에 많은 할아방이 옛날 몽고 할아버지들을 기념하기 위해서 모신 것 아닌가 싶었다.

둘째, 전라도의 대표적인 욕은 무엇인가? 내가 전라도 사람이라 잘 아는데, '개놈 새끼'다. 얼른 들으면 사람을 개로 취급하는 것 같아서 기분이 나쁜데 개놈은 수준 높은 말이다. 독일어로 게놈(Genom)은 영어로 지놈(Genom)인데 생물의 생명 염색체다. 알고 보면 게놈 새끼는 모든 동물의 근원이고 수준 높은 의미가 아닌가 싶다.

셋째, 경상도의 대표적인 욕은 무엇인가? 경상도 친구들이 흔히 쓰는 욕은 '문둥이 새끼'다. 처음 욕이 생길 때는 서당에 갔다가 늦게 돌아오는 손주를 보고 할머니가 밉기도 하고 반가워서 문동이文童伊 새끼라고 한 것이 아닌가 싶다.

넷째, 충청도의 대표적인 욕은 무엇인가? 충청도의 욕은 두 가지다. 양반들이 하는 욕과 쌍놈들이 하는 욕은 다르다. 양반들이 화가 나면 상대방을 '쌍놈의 새끼'라고 하고 쌍놈은 상대가 미우면 '염병할 놈의 새끼'라 한다.

다섯째, 경기도의 대표적인 욕은 무엇인가? 경기도 사람들의 욕은 길어서 처음 들을 때는 잘 못 알아듣는다. '염병 삼 년에 땀도 안 흘리고 죽을 놈의 새끼'라고 하니, 무슨 소리인지 잘 알아들을 수가 없다. 점잖은 것 같은데 삼 년이나 앓다가 죽으라 하니 너무나 심한 저주가 아닌가 싶다.

여섯째, 강원도의 대표적인 욕은 무엇인가? 강원도 사람들은 순수하고 단순해서 자기 자식도 '간나 새끼'라고 한다. 아무리 점잖은 사람들도 자기 아이를 만들 때는 갓난이 짓을 해서 만들기 때문에 간나 새끼라고 하는 것 같다.

일곱째, 황해도 대표적인 욕은 무엇인가? 황해도 사람들은 '쌍' 자를 앞에 씌워서 '쌍 간나 새끼'라고 한다. 쌍은 성관계를 천박한 짓으로 간주한 것 아닌가 싶다.

여덟째, 함경도의 대표적인 욕은 무엇인가? 함경도 사람들은 새끼를 종자로 보고 '종 간나 새끼'라고 한다. 사실 우리 인간도 처음 태어나서는 누구나 다 새끼다. 새끼란 말은 사실상 맞는 말이지 나쁜 말은 아니다.

아홉째, 평안도의 대표적인 욕은 무엇인가? 흔히 듣는 말로 평안도 욕은 '호랑말코 새끼'다. 호랑말[虎狼馬]은 '호마'라고도 하는데 호랑이같이 무섭고 코가 큰 말이다. 남자의 코가 크면 밑에 그것도 크기 때문에 여자가 아이를 만들 때 고생을 해서 그런 말이 생긴 것 같다.

어찌 됐든 우리나라 9도의 욕이 꼬리는 다 '새끼'다. 그리고 가장 가까운 사람들끼리 흔히 쓰는 말도 욕이다. 그러나 대중들 앞이나 초상집에 가서는 욕을 절대적으로 삼가야 한다.

이상과 같이 두 시간을 재미있게 떠들었더니 저녁 공양(식사)을 하는데 어떤 박사님이 "스님, 우리 너무 무시하지 마시오." 라고 하는 것이었다. 그래서 내가 "중이 어떻게 박사님들을 무시하겠소?" 하니까, "우리도 안 죽는 약 발견했습니다."라고 하는 것이었다. "그러면 정주영 씨는 안 죽겠네." 하니까, "안 돼요" "왜 안됩니까?" "시판하려면 30년 더 있어야 돼요." "그나저나 그 약의 재료가 뭐요?"하고 물으니까, "작설차 나뭅니다."하기에, "맞소. 우리 중들이 식후에 꼭 먹는 차가 작설차입니다. 그리고 숨길 따라 잘 사는 길이 성태장양聖胎長養이라고 하는데 필수적인 차가 작설차라 합니다."했더니, 모두가 다 박수를 치고 웃었다.

반드시[飯茶時]·다반사茶飯事로 작설차雀舌茶나 한 잔 마시고 잘 살아 봅시다.

9. 불교 (미타)아리랑

아리랑 아미타 아미타불
아리랑 고개를 넘어간다.
나도 모르고 가시는 님은
십리도 못가서 발병난다.

아리랑 아미타 아미타불
아리랑 고개를 넘어간다.
청천하늘엔 별도나 많은데
견성 못한 중생에겐 수심도 많다.

아리랑 아미타 아미타불
아리랑 고개를 넘어간다.
담양이라 마하무량사 아미타불을 보시오.

우리네 가슴엔 희망도 많다.
도세 도세 백팔번을 도세
나무 아미타불 관세음보살님.

아리랑은 범어梵語로 아리따운 낭군郎君이란 뜻이다. 다시 말하면 신라 때 쓰던 말로, 꽃다운 낭군[花郎]을 아미타 부처님같이 그리워서 부르는 말이다.

아리랑의 역사적 유래가 600년 전이라고 하는데 조선조 초부터 서울[漢陽城]에 젊은 아낙네들이 남편을 잃고 미아리彌阿里 공동묘를 찾아 아리랑 고개를 넘어 다니면서 부르던 〈나무아미타불南無阿彌陀佛〉이 노래가 된 것이다.

아리따운 낭군이시여, 서방정토 극락세계 아미타부처님께 가소서! 그렇지 못하면 나를 모르고 가신 님은 십리도 못가서 발병이나 나서 돌아오소서!

어찌보면 모든 사람들이 자기 자신도 깨닫지 못하고 피안의 언덕[彼岸:番美島]을 못가고 되돌아 와 윤회輪廻한다는 뜻이다.

아리랑 고개는 서울특별시 성북구 돈암동에서 정릉동으로 넘어가는 고갯길이다. 고개를 넘으면 삼거리가 나오는데 왼쪽은 정릉동이고 오른쪽은 길음동이다. 길음동 왼쪽 산비탈에 미아리 공동묘가 있었는데 매일 우는 소리가 그치지 않아서 길할 길^{吉} 소리 음^{音}자로 동네 이름을 길음동이라 한 것이다.

내가 처음 서울에 상주한 것은 1968년도 삼각산 동쪽 화계사^{華溪寺} 밑 백상원^{白象院}(동국대학교 종비생 기숙사)이었다. 4년간 통학하면서 미아리 고개를 넘어다니고, 길음동 법천암^{法天庵}에서 조계사(조계종 총무원)를 13년, 정릉 4동 삼원사^{三元寺}에서 13년간 아리랑 고개를 넘어 다니면서 아리랑이란 뜻을 조금 알게 되었다.

특히 영화배우 이덕화 씨 아버지 이예춘 씨가 만든 영화 아리랑이 아리랑 고개에서 만들었다.

푸른 하늘에는 별들이 많은데, 많은 별들을 보면서도 자기 마음의 근본 심성^{心性}을 깨닫지 못한 중생들의 가슴엔 노상 근심 걱정이 많다는 것이다.

아리랑의 원산지는 서울 아리랑 고개인데 정선아리랑·진도아리랑·밀양아리랑·만주아리랑이 생기고, 전라남도 천년고을 담양의 나는 마하무량사 아미타불을 모시고 담양아리랑을 만들었다.

무량대수無量大數가 가장 큰 숫자인데 절 중에 제일 큰 절 이름이 마하무량사다. 부처님 가운데 제일 큰 부처님은 대일여래大日如來 아미타불阿彌陀佛이고 보살 가운데 가장 원만한 보살은 대자대비大慈大悲 관세음보살觀世音菩薩님이다.

우리는 어렸을 때, 누구나 다 저녁 하늘의 별을 보고 '이 별은 나의 별, 저 별은 너의 별'이라고 손가락질하면서 노래를 불렀다. 그 별이 칠성七星님을 통해 산신山神님을 거쳐 가신家神으로 왔을 때, 어머니 아버지가 우리를 만든 것이다.

그 별의 영기[聖靈] 수 천만억 개가 쏟아지는 가운데 4억 5천만분의 일[遺傳因子]로 우리는 행운아가 되어 이 세상에 태어난 것이다. 우리 인간은 누구나 다 부모님과 조상의 덕으로 생긴 영물靈物이다.

우리 인생의 목적은 만물의 영장靈長이 되는 것이다. 영이 크려면 정직正直해야 한다. 왜냐하면 영은 양심良心을 먹고 살기 때문이다. 욕심을 내서 거짓말을 하게 되면 양심선언良心宣言을 하기 때문에 피가 깨끗하지 못하고 즉시 영대靈臺가 꺾이는 것이다. 그래서 역사적으로 충신忠信이나 직언直言하다가 귀양간 사람들의 영이 빛나는 것이다.

도세 도세 백팔번을 도세
　　나무 아미타불 관세음보살님

탑^{塔}을 돌면서 백팔번^{百八番}을 참회하고, 아미타 부처님께 귀의하고, 관세음보살님께 서원^{誓願}하는 것이다.
아리랑은 범패에 가까운 창곡^{唱曲}으로 해야지, 가요^{歌謠}식으로 하면 숨길이 퍼져서 정기^{精氣}가 살아나지 못한다.

　　자연[道]은 절로절로

봄이 오면 꽃이 피고
여름이 오면 잎이 무성하고
가을이 오면 잎이 떨어지고
겨울이 오면 나무만 앙상하다.

사람이나 짐승이나 풀이나 나무나
숨길따라 살다가 숨길 끊어지면 간다.
빅뱅과 블랙홀이 우주의 숨길이고
들숨과 날숨이 인생의 길이다.

일년은 열두달 춘하추동 사시절
하루는 열두시간 한시간은 백이십분
생사生死는 찰라 사이 숨길따라 가고
생멸生滅은 한 찰라에 900생멸이라네.

요즘 사람들이 자칭 소우주小宇宙라고 하면서 자연을 정복한다고 하다가 보이지도 않는 코로나 바이러스에 걸려서 꼼짝 못 하는 것을 보면 나 자신이 부끄럽다.

옛날에도 "하늘과 땅 사이에 나 홀로 높다[天上天下唯我獨尊]."고 했지만 우주 대자연[道]은 한없이 크고 넓고 깊다. 그래서 일찍이 부처님께서 "우주의 근본진리는 무진연기無盡緣起(모든 것이 인연따라 생기는 것)라고 했다. 그리고 원효대사元曉大師께서도 자비보시慈悲布施는 곧 법왕자法王子라고 뭉치면 살고 헤어지면 죽는다는 화합정신을 설파하셨다.

절집[僧伽]에서 수행정진하는 승려를 화상和尙이라고 한 것은 자비심으로 화합을 숭상한다는 뜻이다.

수행하는데 있어서 탁마琢磨하는 것은 좋지만 시기 질투로 싸우고 양어가추揚於家醜(집안의 추한 부분을 들어 냄)는 자비문중慈悲門中의 화합정신을 망각한 행위다. 일반 사람들보다도 승려들의 싸움(淨化의 후유증)은 포교를 포기하는 짓이다.

부처님께서는 99명을 살인한 앙굴라마라도 받아주지 않았는가. 남의 잘못은 이해하고 용서하지만 자기 잘못은 숨기지 말고 참회해야 한다.

몸과 마음이 숨길을 따라 하나가 되면 살고 흩어지면 죽는다. 개인 가정이나 국가 사회가 화합하면 평화롭고 무자비하게 싸우면 망한다. 우리 다 같이 시간에 맞춰 장출식^{長出息}과 단전호흡^{丹田呼吸}을 하고 염불·참선·기도·주력을 하면서 수시로 고치^{叩齒}·연진^{嚥津}·토랍^{吐納}·쿰박을 해서 숨길을 잘 살려가지고 훌륭한 숨틀을 만들어 완전한 사람[完人·聖人]이 됩시다.

見性成佛은 聖胎長養

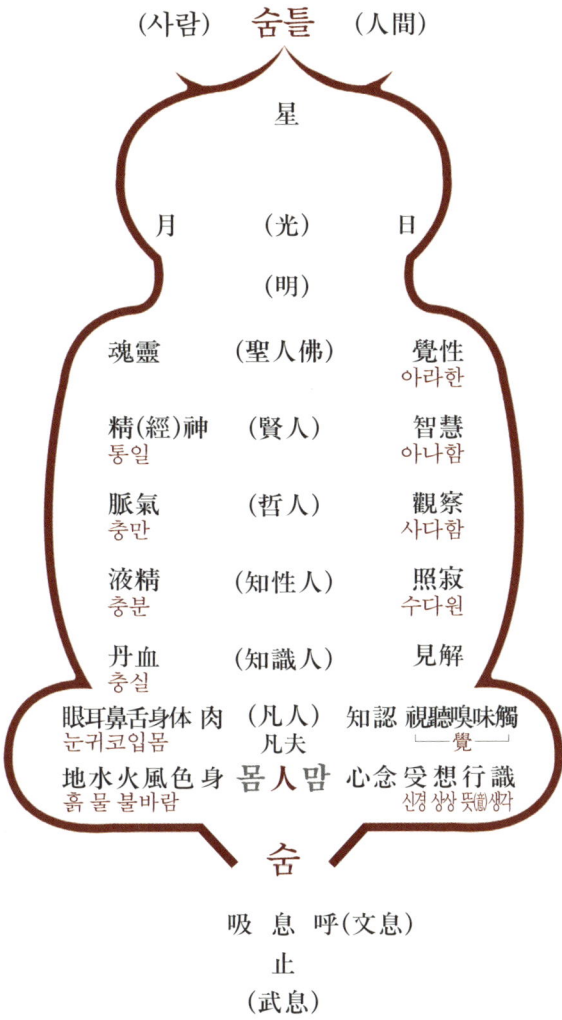

10. 마하반야바라밀다심경
(摩訶般若波羅蜜多心經)

觀自在菩薩　行深般若波羅蜜多時　照見五蘊皆空　度一切苦
관자재보살　행심반야바라밀다시　조견오온개공　도일체고

厄　舍利子　色不異空　空不異色　色卽是空　空卽是色　受想
액　사리자　색불이공　공불이색　색즉시공　공즉시색　수상

行識　亦復如是　舍利子　是諸法空相　不生不滅　不垢不淨
행식　역부여시　사리자　시제법공상　불생불멸　불구부정

不增不減　是故　空中無色　無受想行識　無眼耳鼻舌身意　無
부증불감　시고　공중무색　무수상행식　무안이비설신의　무

色聲香味觸法　無眼界乃至　無意識界　無無明　亦無無明盡
색성향미촉법　무안계 내지무의식계　무무명　역무무명진

乃至無老死　亦無老死盡　無苦集滅道　無智亦無得　以無所
내지무노사　역무노사진　무고집멸도　무지역무득　이무소

得故　菩提薩埵　依般若波羅蜜多故　心無罣礙　無罣礙故　無
득고　보리살타　의반야바라밀다고　심무가애　무가애고　무

有恐怖 遠離顚倒夢想 究竟涅槃 三世諸佛 依般若波羅蜜
유공포 원리전도몽상 구경열반 삼세제불 의반야바라밀

多故 得阿耨多羅三藐三菩提 故知般若波羅蜜多 是大神呪
다고 득아뇩다라삼먁삼보리 고지반야바라밀다 시대신주

是大明呪 是無上呪 是無等等呪 能除一切苦 眞實不虛 故
시대명주 시무상주 시무등등주 능제일체고 진실불허 고

說般若波羅蜜多呪 卽說呪曰
설반야바라밀다주 즉설주왈

揭諦揭諦 婆羅揭諦 婆羅僧揭諦 菩提 娑婆訶
아제아제 바라아제 바라승아제 모지 사바하 (3번)

나쁜 짓 하지 말고
좋은 일에 힘쓰며

청정한 마음으로
참사람이 되어서

모든 중생 가르쳐
불국토 이룩하자

人間의 基本要素

一切 : 五蘊　十二處　十八界　(根境識)　三十六界

一心 : 核心(本覺)　意(用心)　識(生覺)　百八번뇌

地神	水神	火神	風神	天神	精神	~六神
地氣	水氣	火氣	風氣	空氣	意氣	~六氣
地	水	火	風	空	識	~六大
色	聲	香	味	觸	法	~六境
眼	耳	鼻	舌	身	意	~六根
眼識	耳識	鼻識	舌識	身識	意識	~六識
天眼通	天耳通	他心通	宿命通	身足通	漏盡通	~六通

人間의 本性과 習性

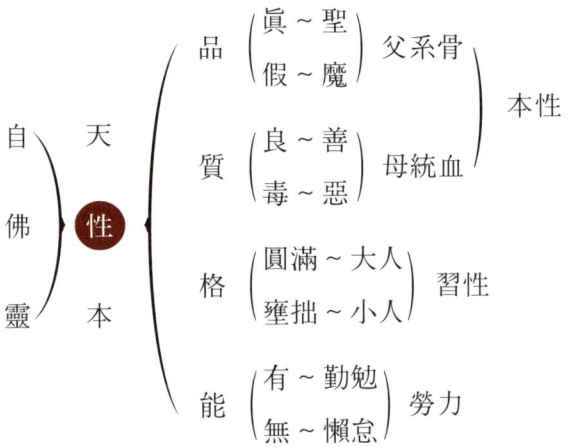

人間의 心性과 心理

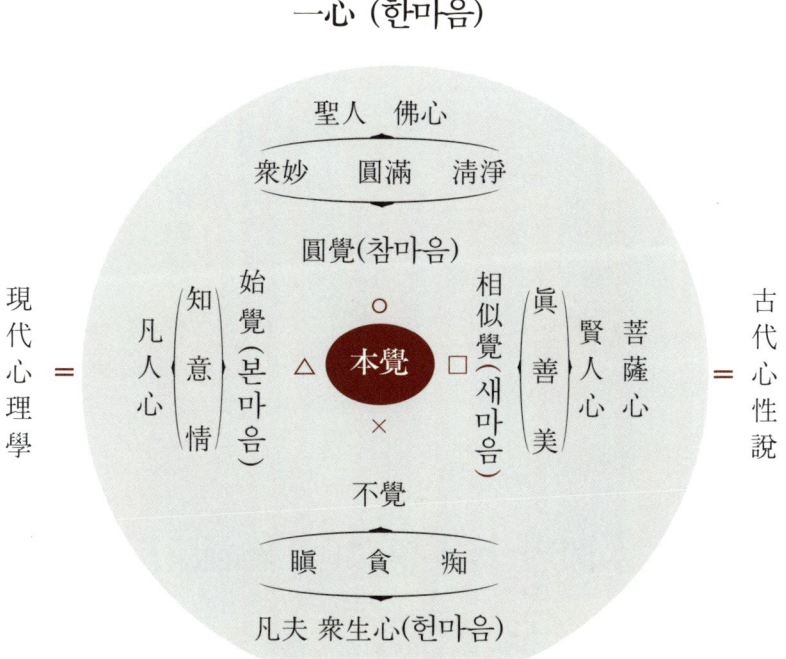

人間의 基本修業(止惡作善)

止惡은 自己完成(小乘)이고 作善은 社會完成(大乘)이다.

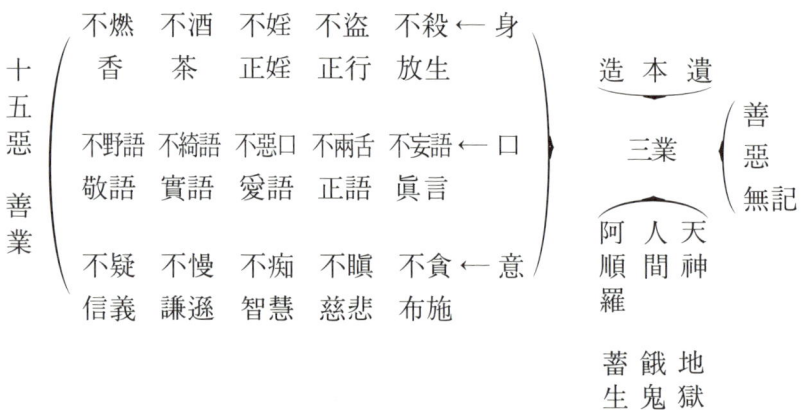

人間의 基本學業(三業淸淨)

三業 karma	몸(身)	건강	동작	행동	행위	업적	正直	持戒	淸淨	三學
	맘(心)	건전	욕심	생각	뜻	정신	秩序	禪定	三昧	
	숨(口)	건실	소리	말	글	문화	創造	智慧	般若	

戒定慧, 三學은 身口意, 三業을 淸淨케 한다.

불교의 근본진리

삼법인(三法印)
一切皆苦 諸行無常 諸法無我 (涅槃寂靜)

사성제(四聖諦)
苦 集 滅 道

근본사상 : 緣起思想
(因緣生起 : 此有故彼有 此起故彼起)

근본정신 : 慈悲精神
(六波羅密 : 布施 持戒 忍辱 精進 禪定 智慧)

근본목적 : 離苦得樂
(解脫涅槃 到彼岸幸福 往生極樂)

근본주의 : 人本主義

근본주장 : 覺(깨달음)

참사람의 심령

인쇄 2025년 03월 20일
발행 2025년 04월 10일

지은이 여산 암도(如山 岩度)
발행처 대한불교조계종 마하무량사
주소 전남 담양군 담양읍 남촌길 21-121
전화 061-381-5020, 010-3612-0556

펴낸이 김윤희
펴낸곳 맑은소리맑은나라
디자인 김창미
출판등록 2000년 7월 10일 제 02-01-295 호
주소 부산광역시 수영구 좌수영로125번길 14-3 올리브센터 2층
전화 051-255-0263 **팩스** 051-255-0953
이메일 puremind-ms@hanmail.net

값 10,000원
ISBN 979-11-93385-15-9

시주 구좌 036-24-0208-161 국민은행 / 예금주 : 성환기(암도스님)